CHATEL-GUYON

CHATEL-GUYON

CHATEL - GUYON

LILLE — 1890

A LA MÉMOIRE

HENRIETTE-SOPHIE

QUARRÉ-REYBOURBON

décédée à Vichy

LE 28 JUILLET 1890

L'épouse à jamais regrettée dont le nom est tracé en tête de ces pages, nous avait demandé, en quittant Châtel-Guyon, de conserver, dans une courte notice, le souvenir du séjour que nous y avions fait ensemble et des sites, des monuments et des objets d'art que nous y avions visités. Elle pensait (espoir hélas trop vite déçu !) y avoir retrouvé pour longtemps les forces et la santé.

Il nous a été tout à la fois doux et pénible de répondre à ce désir, en écrivant les lignes qui suivent.

C'est un souvenir, une simple fleur, que nous déposons, avec une larme, sur une tombe prématurément ouverte.

L. QUARRÉ-REYBOURBON.

Lille, le 2 novembre 1890.

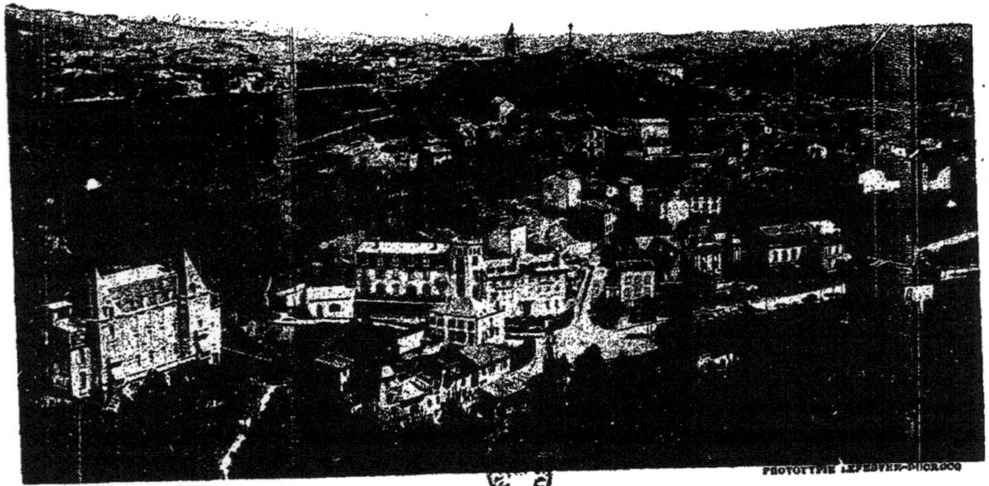

VUE GÉNÉRALE DE CHATEL-GUYON

CHATEL-GUYON

La station thermale de Châtel-Guyon est peu connue. Les personnes, à qui leur docteur ordonne d'y faire une saison, trouvent non sans peine quelques renseignements sur cette localité et sur ses environs. Tout a été dit et publié sur Vichy, Royat et Aix-les-Bains : il faut aller consulter des ouvrages spéciaux dans les bibliothèques de l'Auvergne pour connaître l'histoire de Châtel-Guyon. C'est le résultat des recherches que nous avons dû faire pour nous-même et des notes tracées, durant une saison, sur notre carnet de voyage, que nous consignons dans les pages qui suivent. Laissant, aux médecins et aux auteurs des guides pratiques pour les stations thermales, le soin de parler de la puissance curative des eaux et de tout ce qui concerne l'installation, les dépenses et les moyens de transport, nous décrirons Châtel-Guyon et ses eaux, son histoire et ses objets d'art, ses environs avec leurs sites et leurs monuments, pour les touristes qui ne dédaignent pas l'archéologie et les souvenirs historiques.

I.

Châtel-Guyon est situé à quelques kilomètres de Riom du côté ouest. Le village est assis au pied d'une colline d'où le regard embrasse, d'un côté, les montagnes d'Auvergne avec leurs aspects variés, et, de l'au' · les riches plaines de la Limagne. C'est un site pittores' e et calme, qui

invite au repos et à l'oubli des affaires et du bruit de
la foule. De la fenêtre de l'appartement que nous occupions
au *Splendid Hôtel*, nous nous plaisions à savourer l'air pur qui
nous arrivait de la campagne et à contempler les montagnes,
dont la base était parsemée de champs et de vignes et le
sommet couronné de sapins.

Les Romains connaissaient les eaux de cette localité ; ils
y avaient installé des thermes et des établissements publics.
La découverte d'anciennes piscines et d'autres vestiges de
l'époque gallo-romaine ne permet pas d'en douter. Dans les
siècles qui suivirent cette période, à cause des guerres et
des pillards qui tenaient la campagne, les eaux de Châtel-
Guyon ne servirent plus qu'aux habitants du pays.

Ce n'est qu'à partir du commencement du xviie siècle que
les richesses hydrologiques de l'Auvergne, et en particulier
celles de Châtel-Guyon, furent signalées aux touristes et
aux malades dans des récits de voyage ou dans des
mémoires scientifiques

En 1605, Jean Bon, auteur d'un ouvrage remarquable
intitulé: *Merveille des eaux*, énuméra les sources minérales de
l'Auvergne. Il place en tête les sources de Châtel-Guyon,
pour leurs *eaux purgatives*.

En 1670, l'Académie des sciences chargea un de ses
membres, Duclos, de faire l'analyse des eaux de Châtel-
Guyon. Il constata que ces eaux sont « *très estimées dans le
traitement de diverses maladies.* »

En 1713, J.-B. Chomel et Jean-Étienne Guittard, tous
deux membres de l'Académie des sciences, attirèrent
l'attention de leurs collègues sur Châtel-Guyon. En 1734,
Jean-François Chomel, dans son *Traité des eaux minérales
des provinces d'Auvergne et du Bourbonnais* et le savant
chimiste Cadet en 177', reprirent l'analyse de Duclos ; et
Pierre-Joseph Buchoz, membre de l'Institut, dans son
Dictionnaire minéralogique et hydrologique de France, paru
en 1785, parla avantageusement de Châtel-Guyon.

En 1777, Raulin publia un parallèle entre les eaux minérales de l'Allemagne qu'on transporte en France et celles de la même nature qui sourdent dans le pays. La comparaison est tout à fait à l'avantage de Châtel-Guyon.

Du tome II de la relation du voyage fait par Legrand d'Aussy en 1787 et 1788 dans la haute et la basse Auvergne, nous extrayons ce qui suit :

« A Châtel-Guyon, l'eau minérale a deux sorties, toutes deux grillées. Le 2 octobre, à midi, elle m'a donné 26 degrés de chaleur [1], l'air extérieur étant de 15. La lumière s'y éteignait à quatre pouces de l'eau. *Jadis, elle eut un bâtiment dont on voit les fondements encore.* Tout, dans ce canton, est eau minérale. Outre la source grillée, il y en a une autre, nommée Azan, et connue des paysans sous le nom de Gargouilloux. Dans le lit du ruisseau qui arrose le village, on en voit une, nommée la Vernière, qui sort par un trou qu'elle s'est fait à travers une roche. Celle-ci avait 25 degrés de chaleur; elle jaillissait à quatre pieds quatre pouces de haut et atteignait une haie qui est là, incrustait et agglutinait les feuilles qu'elle pouvait toucher. *Les gens du lieu s'étaient pratiqué, dans la roche même, une baignoire.* Mais le locataire de la source grillée, voulant que la sienne fut la seule qui subsistât, a tout fait pour détruire l'autre. Il a poussé la malice, dit-on, jusqu'à tenter d'en fermer la sortie en y enfonçant un coin de fer : ce coin a été rejeté et le jet subsiste encore. »

Ce tableau nous montre ce qu'était Châtel-Guyon, il y a plus d'un siècle.

En 1817, la municipalité de Châtel-Guyon, entrevoyant les avantages qu'elle pouvait retirer de ces précieuses

---

1 Il s'agit ici de 26 degrés d'après le thermomètre Réaumur, lesquels correspondent à 32 degrés 50 du thermomètre centigrade.

sources, fit élever un petit établissement auquel fut attaché le docteur Deval, membre de l'Académie royale et médecin des hôpitaux de Riom. Cet établissement était bien modeste ; il ne renfermait qu'une piscine où pouvaient se baigner une douzaine de personnes et une baignoire.

En 1859, MM. Brosson frères firent l'acquisition du terrain sur lequel se trouvait l'établissement. Par suite de conventions passées entre eux et la commune, le petit établissement primitif tout à fait insuffisant, fut remplacé par un autre plus vaste, mieux disposé et pouvant répondre aux diverses exigences de la médication hydrologique.

Plus tard, en 1878, une Société, formée sous le nom de *Société des Eaux minérales de Châtel-Guyon*, acquit l'établissement Brosson, qui fut agrandi.

La nouvelle Société acheta également de vastes terrains pour former un parc ; elle construisit un casino et fit édifier un nouvel établissement beaucoup plus vaste, mis au service du public en juillet 1890. Ce nouvel établissement et celui de 1878 offrent au public les avantages d'une station thermale où l'on trouve tout le *confort* désirable.

Le désir de s'affranchir des eaux allemandes fit faire des analyses comparatives, qui établirent, d'une façon indéniable, la supériorité des sources de Châtel-Guyon sur leurs congénères de Bohême et des bords du Rhin. Les Français commencent à comprendre qu'il est par trop naïf d'aller à grands frais chercher au loin des eaux régénératrices que nous possédons chez nous, à notre porte, plus efficaces et plus riches. Les clients de Kissingen, de Karlsbad et de Marienbad prennent la route de Châtel-Guyon.

Cette station, qui déjà commence à être connue, deviendra certainement un centre très fréquenté sous l'intelligente administration qui veille à son avenir. Elle gagne d'année en année.

Les sources, qui sont munies de gracieuses buvettes, sont au nombre de cinq : *la source Deval, la source du*

Sopinet, la source du Sardon, la source Gubler, la source Duclos.

Grâce aux accidents naturels du terrain, le parc est très pittoresque ; il offre des promenades variées et agréables. Un kiosque est établi pour recevoir une musique.

A l'extrémité du parc, dans une sorte de rond-point formé par les deux bras du Sardon, on a installé un gymnase qui, lui aussi, constitue un utile adjuvant du traitement thermal.

Le Casino est situé sur une colline qui domine l'établissement. Il serait difficile de trouver une installation plus agréable, jouissant d'un panorama plus pittoresque et plus étendu.

Le bâtiment du Casino est une gracieuse construction qui a été transportée de l'Exposition universelle de 1878 à Châtel-Guyon. Une vaste salle des fêtes, à la fois salle de spectacles, de concert et de bal, occupe une grande partie de la longueur du Casino ; le reste est consacré au café, à la salle des jeux et à la salle de lecture ; cette dernière salle offre aux lecteurs un certain nombre de journaux quotidiens, des revues et des rayons garnis de livres choisis.

Au bas de la colline du Casino se trouvent la poste et le télégraphe, ainsi que la route qui conduit au nouvel établissement. De beaux massifs disséminés avec art, composés de roses et d'autres fleurs, ornent tout le terrain appartenant à la Société.

L'accroissement pris par Châtel-Guyon en 1878, a amené la construction de magnifiques hôtels bien situés et tenus avec grand soin. Nous citerons le Splendid Hôtel, le Grand Hôtel des Bains, tous deux près de l'établissement thermal et aussi l'Hôtel Barthélémy dans le village, à une altitude assez élevée, ce qui oblige à amener les baigneurs en omnibus lorsqu'ils vont suivre leur traitement. On y voit encore les hôtels de la Restauration, du Lac, de la Paix et en outre plusieurs maisons meublées, dont quelques-unes sont placées en amphithéâtre dans le village.

Ce village qui est étagé sur une colline, présente un aspect très pittoresque. Les habitations dénotent, à l'extérieur, l'aisance et la richesse; mais nous nous voyons forcé de déclarer que l'intérieur laisse beaucoup à désirer comme propreté. Les rues, si toutefois il est possible de donner ce nom aux chemins remplis de pierres et de détritus, se métamorphosent en ruisseaux et même en torrents les jours de grande pluie. Nous ajouterons que les habitants de Châtel-Guyon sont polis et que presque tous jouissent d'une très honnête aisance. Leur tenue en général laisse un peu à désirer.

II.

Châtel-Guyon est appelé *Castrum Guidonis* (château fort de Guy) en 1209 et 1255; Chastel Guion, en 1510. Ce nom vient du château que Guy II, comte d'Auvergne, y fit bâtir à la fin du xii* siècle.

Ce château se composait d'une enceinte carrée, flanquée de quatre tours rondes. La planche ci-contre offre l'aspect qu'il présentait en 1450 d'après l'*Armorial d'Auvergne* de Revel

Il subit un siége à la fin de l'année 1510; au mois d'août 1592, il avait pour capitaine M. de Rouzaud. En 1594, il fut pris par les ligueurs; il a été démoli postérieurement. Sa chapelle qui ne se trouvait pas dans l'enceinte du château, fut conservée comme église paroissiale jusqu'en 1845, époque de la construction de l'église actuelle. Les derniers vestiges du château servirent pour les fondations de la nouvelle église. Sur l'emplacement on a élevé en 1884 une croix de mission qui domine tout le pays.

Guy II, comte d'Auvergne, fut seigneur de Châtel-Guyon de 1194 à 1224. En 1198, il en fit foi et hommage au pape Innocent III, afin d'obtenir son secours contre l'évêque de Clermont, Robert d'Auvergne, qui lui faisait une guerre implacable; en 1209, il légua cette terre par testament à sa

BOURG ET CHATEAU DE CHATEL-GUYON EN 1450

femme, Péronelle de Chambon. Châtel-Guyon fut en 1213 au nombre des châteaux dont Philippe-Auguste fit la conquête sur Guy II et ce monarque la donna à Autier, seigneur de Villemontré. Les terres et le château restèrent de longues années dans cette famille. En 1376, l'un de ses membres, Gérard Autier, les céda à Jean Ier, comte d'Auvergne, et ils passèrent ensuite à la famille d'Astorg, puis à celle de la Roche. En 1395, Hugues de la Roche, seigneur de Tournoël et de Châtel-Guyon, vendit cette dernière seigneurie à Oudard de Chazeron, seigneur de Chazeron, issu d'une branche cadette de la maison d'Autier qui avait des liens de parenté avec les papes Clément VI et Grégoire IX.

Depuis cette époque, la seigneurie de Châtel-Guyon resta dans la famille de Chazeron. Elle appartenait, en 1595, à Gilbert de Chazeron, gouverneur du Bourbonnais, maréchal des camps et armées du roi, lorsque, pendant les guerres de religion, les ligueurs s'emparèrent du château et le livrèrent aux flammes.

En 1611, cette terre passa dans la maison de Monestay, qui la conserva jusqu'en 1789.

Voilà le château, voici l'église.

Pour arriver à ce dernier édifice, qui se trouve près du Calvaire, le point culminant du village, il existe plusieurs routes, dont deux carrossables. Nous préférions, pour faire le trajet, suivre un petit sentier qui longe le côté droit du Grand Hôtel des Bains, et serpente à travers des vignes, des prairies, en coupant un fil d'eau que l'on traverse sur des pierres. Ce petit chemin, qui a près d'un kilomètre de longueur, est très pittoresque.

L'église de Châtel-Guyon n'est pas remarquable comme architecture ; elle a été bâtie en 1845 avec les matériaux du pays, c'est-à-dire avec des fragments de pierre et du mortier. Ses murs sont consolidés du côté sud par des contre-forts peu saillants en pierre de Volvic. On a employé la même pierre pour une partie de la façade et du clocher.

Son style est celui des églises primitives de l'Auvergne; sa grande nef qui est en plein cintre, est soutenue par huit colonnes massives et quatre pilastres non moins lourds; les nefs des côtés sont en demi-cintre et contiennent chacune une chapelle.

L'édifice est éclairé par quatorze fenêtres étroites en plein cintre, garnies de vitraux.

Le chœur, dont le fond est circulaire, est décoré au chevet et sur la voûte d'une pein're décorative sur fond d'or, du meilleur effet, représentant la Sainte Trinité, due à l'habile pinceau de M. Maurice Lamy, de Clermont-Ferrand. Ce qui a attiré particulièrement notre attention, c'est le rétable qui orne le maître-autel. Nous avons tenu à décrire et à reproduire par la photographie ce rétable et ceux de La Tourette et de Saint-Bonnet, dont nous parlerons vers la fin de ce travail. Ils n'ont été l'objet jusqu'ici d'aucune reproduction ni d'aucune notice descriptive [1].

Parmi les neuf statues en plâtre, peintes et dorées, qui décorent l'église, il y en a une qui nous a rappelé un souvenir personnel : c'est une Notre-Dame des Sept Douleurs portant le Christ sur ses genoux, dont le dessin est semblable à celle de l'église Sainte-Catherine à Lille, qui est due à la piété de Philippe-le-Bon, duc de Bourgogne, et qui a été exécutée pour la chapelle de Notre-Dame de la Treille, à la collégiale de Saint-Pierre.

Des stalles en bois de noyer, d'un style très simple, ornent le chœur.

Une belle sonnerie se trouve dans le clocher, mais le peu

---

[1] La photographie du rétable de Châtel-Guyon a été faite par M. Tillon, et celles des rétables de Saint-Bonnet et de La Tourette par M. Gendreaud, tous deux photographes à Clermont-Ferrand.

RÉTABLE DE CHATEL-GUYON

de solidité de la construction empêche les habitants de jouir du son de toutes les cloches.

L'église est commode et tenue avec ordre et propreté.

Le rétable dont nous venons de parler est d'une largeur totale de . 2 m. 45. Il se compose de trois pavillons d'architecture, qui mesurent celui du centre, 2 m. 71 de hauteur, et ceux des côtés, qui ont un retrait de 45 cent., 1 m 29

La base du pavillon central qui offre 75 cent. de largeur sur 38 cent. de hauteur, est partagée en trois parties. Celle du milieu représente la sainte hostie, sur un calice porté par deux anges. Les deux autres sujets représentent l'Annonciation : sur la partie du côté de l'évangile se voient le Saint-Esprit et l'ange Gabriel, tenant un lis à la main et annonçant à Marie qu'elle sera mère de Dieu ; sur la partie du côté de l'épître se trouve la Sainte-Vierge à genoux, recevant le divin message.

Au dessus s'élève un portique de 61 cent. de hauteur, qui sert de tabernacle. La porte du tabernacle, qui forme motif milieu, est une niche avec écaille offrant une statue de la sainte Vierge ; de chaque côté se trouvent deux colonnes torses, surmontées de chapitaux corinthiens avec entablement du même ordre, dont les piédestaux sont formés de deux têtes d'anges ; sur le retrait du côté de l'évangile, dans une niche en écaille, se voit une statue de Notre-Seigneur et du côté de l'épître celle d'une sainte que nous supposons être sainte Agnès.

Ces deux statues, un peu plus grandes que celle du centre, semblent avoir remplacé des saints qui se trouvaient autrefois dans les niches en écaille.

Le portique est surmonté lui-même d'une galerie à jour de 10 cent., où deux piédestaux sont ménagés pour servir de base à un autre portique de 41 cent. composé de quatre colonnes ornées de feuillages, surmontées de chapitaux corinthiens, avec entablement de la largeur des deux colonnes de chaque côté. Le milieu est disposé pour l'exposition du Saint-Sacrement.

Au-dessus s'élève une nouvelle galerie de 10 cent. de hauteur qui s'étend seulement sur les deux saillies du retrait. Les deux côtés des saillies sont ornés de statues : celle du côté de l'évangile représente sainte Claire et celle du côté de l'épître un saint portant une barbe assez longue et revêtu d'une tunique.

Au-dessus de la galerie se trouvent deux têtes d'anges de 24 cent. formant volute et supportant une couronne fleurdelisée, qui elle-même est surmontée d'une pomme cannelée servant de base au Christ ressuscité, statue qui couronne l'ensemble.

Le pavillon du côté de l'évangile, large de 85 cent., se compose d'une base de 22 cent de hauteur avec sculpture représentant un ange qui développe plusieurs rinceaux ornés de fleurs; il sert de gradin pour recevoir les chandeliers. En retrait, un autre gradin de 17 cent. de hauteur aussi sculpté, dont le milieu est occupé par le monogramme du Christ, entouré d'une couronne soutenue par deux anges avec rinceaux.

Au-dessus s'élève un portique de 90 cent. de hauteur sur 65 de large, composé de quatre colonnes torses, surmontées de chapitaux corinthiens avec entablement du même ordre ; le milieu est occupé par une niche en écaille, contenant une statue de saint Pierre, ayant à ses côtés deux petites statues ; à sa droite celle de sainte Anne avec la Sainte-Vierge enfant, et à sa gauche celle de saint Benoît. Au-dessus de la niche se trouve une tête d'ange supportant un socle qui semble disposé pour recevoir une petite statue; sur les entablements des colonnettes, deux anges assis.

Le pavillon du côté de l'épître est conforme, sauf quelques détails, à celui de l'évangile. Le monogramme du Christ est remplacé par le chiffre de la Vierge.

La statue du milieu représente saint Paul (son épée est

cassée), ayant à sa droite une statue représentant un personnage de l'Ancien-Testament que nous supposons être le vieillard Siméon et à sa gauche un saint en habits sacerdotaux, portant une cassette ou reliquaire.

Ce rétable est une œuvre d'art exécutée par un artiste habile, que l'on suppose être de l'Auvergne. L'emploi du noyer, essence de bois très répandue dans le pays, porte à le croire, et la statue du Christ ressuscité qui se trouve à son sommet rappelle le même sujet qui couronne les rétables des églises de Montferrand et Saint-Bonnet.

Le style de ce rétable est du commencement du xviie siècle: il offre des motifs Renaissance que l'on retrouve dans les tableaux de la même époque.

Les sculptures sont fines et les statues exécutées avec soin. Malheureusement plusieurs de ces dernières ont disparu et ont été remplacées par d'autres d'ailleurs habilement sculptées. Nous avons remarqué surtout celle de sainte Anne tenant la Sainte-Vierge par la main, qui révèle un ciseau délicat.

Les ornements en rinceaux et l'Annonciation sont exécutés avec beaucoup de légèreté et de précision. La couronne qui surmonte le rétable est surtout remarquable par la beauté du modelé. Les sculptures en bois sont si fines qu'à une certaine distance on les croirait en cuivre doré.

Nous tenons à appeler l'attention des érudits sur cet objet d'art auquel on n'a pas jusqu'ici attaché, selon nous, assez d'importance.

M. l'abbé Vialle, curé de la paroisse, a eu l'obligeance, sur notre demande, de faire des recherches au sujet de ce rétable dans les archives de l'église. Il n'a malheureusement rien trouvé.

Nous avons eu recours à la tradition, c'est-à-dire à la mémoire de plusieurs anciens habitants de la paroisse. Ils nous ont dit (ce que nous répétons sous toutes réserves), que le rétable provient de la chapelle des Dames hospitalières de Riom, qu'il a été acquis pour la somme de 600 francs pour M. Faure, curé de la paroisse, il y a cinquante à soixante ans. Plusieurs statues auraient été dérobées; quelques-unes furent retrouvées ou restituées, ce qui explique les transpositions signalées plus haut.

III.

Il y a de nombreuses excursions à faire autour de Châtel-Guyon. Il est facile de s'accorder cette jouissance; on y trouve des voitures commodes et d'un prix peu élevé.

Après le mauvais temps, les routes et les sentiers sont presque immédiatement praticables et aux chevaux et aux piétons.

Les principales promenades sont celles de Riom, de Clermont-Ferrand, de Royat et du Puy-de-Dôme, dont tous les guides donnent des descriptions. Nous nous bornerons à indiquer les excursions pittoresques et archéologiques, qui ne sont pas mentionnées par Joanne, Bædeker, Conty, etc., etc.

Le voyageur commence ordinairement la série de ses excursions par une promenade au Calvaire, d'où on jouit d'une vue magnifique sur toute la Limagne, limitée au fond, à l'est, par les montagnes du Forez. Au sud, au-dessus de la colline à laquelle est adossé le Casino, on aperçoit le sommet du Puy-de-Dôme. Au sud-ouest, dans la gorge de la vallée de Sans-Souci, apparaît le village de Roche-Pradière; enfin à l'ouest, sur le sommet des coteaux boisés qui appartiennent à la commune, se dessine le château de Chazeron.

La montagne du Chalusset, plantée de sapins et qui s'élève derrière le Casino, offre un sentier conduisant par des lacets, jusqu'au sommet, d'où le regard embrasse un magnifique panorama. On fait un tour sur la montagne et l'on descend au village de Saint-Hippolyte, dont l'aspect extérieur est très riant.

La vallée de Prades offre aussi de magnifiques promenades; on y visite surtout la vallée Sans-Souci et la cascade de l'Ecureuil. Sur la route, s'ouvre une carrière où les minéralogistes trouvent de très jolis cristaux de baryte. Plus loin on arrive à *l'Hermitage de Sans-Souci*, habité par un ermite volontaire nommé Georget, excellent homme qui ne peut plus être appelé ermite depuis qu'il s'est remis en rapport avec la société pour l'exploitation de la source minérale de Sans-Souci, captée dans son jardin.

Les quelques excursions ci-dessus peuvent se faire à pied ainsi que celles qui vont suivre immédiatement.

Mozat [1] a attiré notre attention d'une manière toute particulière. Ce village qui forme, pour ainsi dire, un faubourg de Riom, dont le séparent deux kilomètres, possédait autrefois une célèbre abbaye de Bénédictins fondée vers l'an 681. L'église de cette abbaye, monument historique, sert d'église paroissiale. Elle mérite une description particulière. Ruinée en 731 et 732 par les Sarrazins, elle fut restaurée par les soins de Pépin-le-Bref vers 762. En 853, l'abbaye eut à souffrir d'une invasion de bandes normandes ; Pépin, roi d'Aquitaine, fils de Louis-le-Débonnaire, la fit de nouveau restaurer en 863. En 915, Robert, 1er *préfet* d'Auvergne, la fit rebâtir. Il ne reste de cette église primitive qu'un porche situé à l'ouest, construit en grand appareil et supportant le clocher actuel, qui est de construction moderne. Ce porche

---

1 L'abbaye de Mozat fut fondée par Calminius, duc d'Aquitaine et comte d'Auvergne, et par Namadia, son épouse, qui furent enterrés dans le caveau de l'église. En 764, le roi Pépin y transféra, avec toute sa cour, le corps de saint Austremoine qui était à Volvic. — Bâtie en forteresse dès 1126. — Visitée par Alexandre III en 1165. — Le roi Louis XI y signa un traité de paix en 1465 — Les Huguenots prirent Mozat en 1592. — Charles de Valois, comte d'Auvergne, s'en empara en 1595 et fit raser l'enceinte. L'église abbatiale devint église paroissiale en 1802.

communique avec l'intérieur par unè jolie porte du xv^e
siècle.

La nef principale et les deux nefs latérales jusqu'au transept sont de la fin du xe siècle ; des constructions du xv^e
ont remplacé l'abside dont les vitraux sont du xvie. Sous le
maître-autel existe une crypte. Les stalles et les boiseries
du chœur, quoique d'un gothique peu soigné, ne sont pas
sans intérêt ; elles offrent les armoiries de divers abbés.

La nef est d'une grande simplicité. Les voûtes, en plein
cintre un peu rentrant, en forme de fer à cheval, s'appuient
sur des piliers alternativement carrés et cylindriques qui
sont flanqués de trois colonnes, la face principale restant nue.

Il n'y a de fenêtres que dans les collatéraux.

Ce qu'il y a de plus intéressant dans la nef, ce sont les
cinquante-deux chapitaux qu'on y remarque, tous d'une
pureté de dessin et d'une exécution remarquables et présentant
des sujets variés et intéressants.

L'église de Mozat possède deux châsses d'une véritable
valeur artistique. La première contient les restes de saint
Calmin et de sainte Amadie ; c'est une de ces châsses que
l'on appelle byzantines. Longue de 42 centimètres sur
25 de largeur et 40 de hauteur, elle présente l'un des plus
beaux spécimens des émaux de Limoges ; elle fut exécutée,
dit-on, de 1251 à 1298. La seconde contenant les reliques
de saint Austremoine, fut ciselée au xvie siècle. Cette
dernière renferme une lettre de Massillon, par laquelle
l'illustre prélat demande au prieur quelques portions des
restes de l'apôtre d'Auvergne, pour les déposer dans la
chapelle de son palais épiscopal, et la délibération des
religieux qui s'empressèrent d'accéder à cette demande.

L'église abbatiale de Mozat a une grande valeur archéologique ; mais elle présente un aspect triste et pauvre
comme presque toutes les églises de l'Auvergne bâties en
pierres de Volvic.

Le voyage au village et aux carrières de Volvic [1] est curieux et instructif.

Les carrières de Volvic fournissent, depuis les temps les plus reculés, les pierres nécessaires pour la construction des monuments et des habitations particulières de l'Auvergne. Les villes de Clermont-Ferrand, Riom, Montferrand, etc., ont été construites avec ces pierres.

C'est du *Puy de la Nugère*, volcan relativement moderne, offrant un cratère ovale et très profond, que s'est échappée la lave feldspathique dans laquelle sont ouvertes les carrières de Volvic. Cette coulée de lave s'étend sous la forme d'une large nappe qui a été, lors de son épanchement, divisée par de petites montagnes de granit s'élèvant ça et là comme des îles. L'exploitation régulière de cette lave dans les carrières souterraines et à ciel ouvert remonte au moins au XIIIᵉ siècle. La pierre de Volvic est d'un grain très dur et se prête, par sa finesse, à des travaux de sculpture. Sa couleur, lorsqu'elle sort des carrières, est bleu clair. Elle noircit à la longue et conserve toujours une teinte uniforme. Le débit de la pierre de Volvic est considérable.

Le village de Volvic a été doté d'une école de dessin et de sculpture, en 1820, par M. le comte de Chabrol de Volvic, ancien préfet de la Seine ; elle forme d'habiles et laborieux artistes et ouvriers.

---

[1] Volvic possédait un monastère bâti au VIIᵉ siècle par saint Avit, qui y transféra le corps de saint Austremoine, premier apôtre de la foi en Auvergne. Le fait le plus important de l'histoire de Volvic est l'assassinat, vers 670, de saint Priest, évêque de Clermont. En 764 il se tint un synode à Volvic, dans lequel assista le roi Pépin. En 1632, Gaston d'Orléans, mécontent de Richelieu, forma un camp de 5.000 hommes à Volvic.

Le château de Bosredont se trouve sur le territoire de la commune; il fut édifié en 1390 ; reconstruit en 1784, il renferme une grande suite de portraits historiques peints sur toile. C'est dans ce château que naquit *Loys de Bosredont*, premier écuyer d'Isabeau de Bavière. Le roi de France, jaloux, le fit coudre dans un sac de cuir; il fut jeté à la Seine avec cette inscription : *Laissez passer la justice du roi !*

L'église de Volvic est un bel édifice roman, réparé et reconstruit en partie en 1873. Le chœur est très remarquable par son architecture; il est orné extérieurement de mosaïques, comme celui de Notre-Dame-du-Port de Clermont-Ferrand. Une magnifique pierre carlovingienne orne la chapelle de saint Priest, évêque de Clermont.

Sur le sommet du Puy de la Bannière, qui domine Volvic au nord-ouest, s'élève une statue colossale de la Vierge, appelée Notre-Dame de la Garde.

Non loin de Volvic se trouve le village de Saint-Genès-l'Enfant, sur le territoire duquel jaillissent des sources abondantes qui alimentent les fontaines de Riom.

Au nord-ouest de Volvic, sur un monticule escarpé dominant toute la Limagne, s'élève le château de Tournoël [1]. Malgré les ravages des guerres auxquels est venue s'ajouter l'action dissolvante du temps, la masse imposante de remparts crénelés, de tours et d'ouvrages de défense, enfermés dans trois enceintes qui forment ce donjon féodal, permet de juger quelle était autrefois l'importance de Tournoël.

Chaque année voit s'effondrer quelques parties des énormes constructions de l'ancienne forteresse.

Voici d'après M. Gomot, auteur de l'histoire de l'abbaye royale de Mozat, l'état du château au xvi° siècle:

---

[1] On ne sait rien de positif sur la fondation du château de Tournoël. Le plus ancien document établit que dès le xii° siècle, il appartenait à un seigneur guerroyant nommé Bertrand de Tournoël. Une première fois le château fut assiégé par l'armée de Philipps-Auguste, accouru à la défense de l'évêque de Clermont, le propre frère du seigneur de Tournoël, et la place fut prise en 1213, mais non sans avoir résisté vigoureusement.

Un autre siége eut lieu en 1590. Charles d'Apchou, qui possédait alors le château le défendit contre les ligueurs qui ne purent s'en rendre maîtres. Mais quatre ans plus tard le château fut de nouveau assiégé par les partisans de la Ligue et cette fois, il fut pris, pillé et en partie brûlé.

La tour de Tournoël, après avoir été possédée par différentes familles est actuellement la propriété de M. de Chabrol.

« La première enceinte consistait en une simple muraille
avec meurtrières. L'espace compris entre cette muraille
et la deuxième enceinte est d'une largeur d'environ trente
mètres ; on y parquait, en temps de guerre, le bétail de la
châtellenie. La deuxième enceinte est entourée, en grande
partie, de murs crénelés et de tourelles. L'une des tours,
placée en avant-garde et construite en pierre de Volvic, est
taillée à bossage et c'est pour cela que, dans le pays, on
l'appelle la tour des *Miches*.

» Une rampe immense, un peu raide, conduit à la porte
principale couronnée d'un avant-corps garni d'une rangée
de machicoulis et flanqué de deux petites tourelles.

» Nous voici dans l'intérieur du château ; à droite, un
chemin de ronde et d'anciennes constructions à plein
cintre, les unes murées, les autres garnies de meurtrières.
A gauche, les caves et un escalier menant au chemin de
ronde des remparts. Devant soi, on voit une grande tour
carrée, appartenant à diverses époques. Une porte sans
décoration s'ouvre sur un porche très vaste, par où l'on
pénètre dans la cour d'honneur, la partie la plus curieuse
du château. L'escalier d'honneur, à trois étages, est tout
entier en pierres de Volvic. Il conduit à une grande salle
en forme de parallélogramme, placée au-dessus des
cuisines, à une autre salle avec cheminée richement
sculptée, et enfin à la chapelle placée sous l'invocation de
sainte Anne.

» A gauche, un escalier à hélice aboutit à la grande tour
qui mesure 98 pieds.

» Quant au mobilier, se rattachant à plusieurs époques, il
était, d'après les inventaires, extrêmement luxueux et en
rapport avec la richesse des anciens seigneurs de Tournoël. »

Le propriétaire actuel du château a remis entre les
mains de la paysanne chargée de la garde de l'édifice,
un registre sur lequel les visiteurs sont invités à inscrire
leurs noms.

Un poète en a profité pour improviser une pièce de vers dont nous citerons le passage suivant :

Les archers n'y sont plus !... Le coq chante à cette heure
Sur le créneau brisé de l'antique demeure...
Les toiles d'araignée ont envahi la tour...
La cour d'honneur, hélas ! est une basse-cour,
Et le chat ronfle en paix près de la cheminée,
Où le seigneur posait sa botte éperonnée !...
Aux murs de la chapelle, à l'aide de couteaux,
Des vandales ont mis leurs noms... qui sonnent faux.
La dalle, sous le pied, reste à jamais muette
Et rien ne tombe plus dans la vieille oubliette,
La lueur du flambeau n'y laisse apercevoir
Que quelques rats hideux au fond d'un grand trou noir !...

En quittant Tournoël, on arrive à Enval, la distance est courte, et l'on se trouve bientôt devant un des sites les plus étonnants de l'Auvergne : c'est une gorge, qu'on appelle le *Bout du monde,* parce qu'elle est fermée à sa partie supérieure par une enceinte de rochers escarpés qui se sont accumulés les uns sur les autres, à la suite de quelques-uns de ces cataclysmes si fréquents sur le sol de l'Auvergne. A côté de ces blocs formidables, aux formes bizarres, l'œil se repose avec plaisir sur un petit village ombragé et sur un ruisseau qui s'échappe du fond du ravin. Au milieu des rochers, on voit sourdre une source minérale très fraîche et très gazeuse.

Sur la route de Riom à Combronde qui passe non loin de Châtel-Guyon, se trouve le village de Saint-Bonnet, l'une des localités de l'Auvergne où les habitants ont le mieux conservé les anciens costumes de la campagne.

L'église offre un mélange de style roman et de style ogival. Elle est dédiée à saint Bonnet. L'intérieur est orné d'un tableau représentant l'*Adoration des Mages* attribué à Francesco Guido. On y remarque également un magnifique rétable en bois de noyer doré rappelant celui de Châtel-Guyon et comme ce dernier provenant d'un couvent. En voici la description :

RÉTABLE DE SAINT-BONNET

Ce rétable se compose de trois pavillons: celui du centre est le plus élevé, ceux des côtés se trouvent en retrait. La base est formée par un gradin, divisé en trois parties sur chacune desquelles est sculptée une tête d'ange entourée de rinceaux et de guirlandes de fleurs.

Au-dessus se trouve une rangée de colonnes torses avec chapitaux corinthiens surmontés d'un entablement du même ordre. Le pavillon central sert de tabernacle : sur la porte se trouve une statue, deux autres statues occupent le retrait, et les pavillons du côté de l'évangile et du côté de l'épître présentent également chacun deux statues. Au-dessus de la porte du tabernacle se trouve un fronton qui sert de base à une nouvelle colonnade également composée de colonnes torses avec chapitaux corinthiens et entablement. Le milieu est disposé pour l'exposition du Saint-Sacrement : il est surmonté d'une couronne soutenue par quatre anges ; la couronne porte à son sommet une boule ornée de feuilles d'acanthe servant de piédestal à un Christ ressuscité, rappelant celui qui couronne le rétable de Châtel-Guyon. Les deux côtés sont ornés chacun de trois statues et les deux pavillons des côtés sont surmontés de grands écussons ayant chacun, pour couronnement, deux anges soutenant une guirlande de fleurs.

Sur le mur du chœur, de chaque côté de l'autel, se trouvent deux niches, du même style que le rétable, composées de colonnes torses en écaille et surmontées de deux anges tenant une couronne. La niche du côté de l'évangile renferme un saint Joseph et celle du côté de l'épître une Sainte-Vierge.

Ce rétable est du même style que celui de Châtel-Guyon et paraît avoir été sculpté par le même artiste. Il est mieux conservé ; les statues ne sont pas mutilées et paraissent occuper leurs places primitives [1].

---

1 D'après une tradition mentionnée dans le *Dictionnaire historique du Puy-de-Dôme*, de M. Ambroise Tardieu, on prétend que le dieu gaulois

En quittant Saint-Bonnet on est naturellement attiré à visiter Davayat [1] où l'on vend les produits provenant des sources pétrifiantes de Gimeaux. Ces sources ont quelque analogie avec celles de Clermont-Ferrand.

Sur le territoire de Gimeaux, se trouve le château de Montaclet. C'est une belle et importante construction moderne élevée par M. de Vissaguet. Tous les matériaux qui ont servi à cette bâtisse auraient été préparés à Paris, numérotés, puis transportés en Auvergne.

On arrive ensuite à Combronde,[2] petite ville curieuse.

Bellinus était adoré sur le mont Bellinus que l'on croit être le coteau de Saint-Bonnet.

Voici une autre légende qui se rapporte au même lieu. On assure que saint Martin étant venu à Artonne, s'achemina jusqu'au mont Bellinus et que, là, voyant les sénateurs de Clermont-Ferrand venus à sa rencontre dans un riche appareil, il ne voulut pas continuer sa route avec tout cet éclat, et après s'être reposé à Saint-Bonnet, revient à Artonne. On montrait avant 1789, la maison où saint Martin s'était reposé.

1 Avant 1789, la paroisse avait pour patrons saint Julien et sainte Flamine. Cette dernière qui était née à Davayat, fut égorgée en ce lieu, sous les empereurs Dioclétien et Maximin. On montre même la pierre où la sainte se réfugia pour échapper à ses bourreaux. C'est le piédestal d'une borne itinéraire romaine.

Pendant les guerres de la Ligue, le sergent ligueur Laroche s'empara du fort de Davayat, le 9 avril 1591. Le 16 juin 1594, le capitaine Lafont s'en empara de nouveau au nom de la Ligue.

2 Saint Grégoire de Tours appelle Combronde *Opidum Candidobroms.* Non loin de la ville se trouvent une pierre branlante et un dolmen. On voit également des vestiges de la voie romaine. En 1845, on découvrit au quartier des Lignières, un cimetière avec des médailles romaines.

Dès l'an 506, Combronde possédait un monastère que l'on croit être le premier établi en Auvergne. Saint Grégoire de Tours l'appelle *Monasterium cumbidobrende.* Il possédait aussi un prieuré qui dépendait de l'abbaye de Menat. Il était placé sous le patronage de saint Georges et de saint Genès.

Le comté de Rèsie, dans son *Histoire de l'église d'Auvergne,* raconte que saint Genès, comte et seigneur de Combronde, après la mort de ses parents, quoique pourvu du duché d'Auvergne, quitta tout à fait la ville et se retira dans une habitation champêtre, appelée *Aula-Maura,* qu'il possédait sur les bords d'Herbon, non loin du château de Combronde que son père avait fait fortifier.

En 1764, le marquisat de Combronde fut vendu à Gilbert-François de Capony, chevalier de Saint-Louis, d'une très ancienne famille d'Italie, nommé major général de la Martinique. Ce fut le dernier marquis de Combronde.

Le château de Combronde, devenu propriété nationale, sert d'hôtel de ville.

Son église, qui date du xi° siècle, est formée de trois nefs et ne manque pas d'intérêt pour les archéologues.

L'ancien château sert d'hôtel de ville ; le plafond d'une salle porte les armoiries des alliances de la famille de Capony qui possédait Combronde.

En sortant de Combronde, on se dirige à gauche vers le village de Charbonnières-les-Vieilles et on arrive au gour ou lac de Tazenat, immense cratère d'une profondeur considérable (50 mètres), creusé dans un terrain granitique. Cet ancien volcan est maintenant rempli d'une eau bleue et transparente, dont le trop-plein va se déverser dans la Morge. Ce lac est entouré d'un côté, d'une végétation puissante et même de brillantes fleurs, tandis que, du côté du nord, on observe sur ses bords des produits volcaniques compactes et scorifiés, des pouzzolanes et des masses de granit auxquelles le feu a fait éprouver une forte altération. Une barque de pêcheur permet de faire une promenade sur cet ancien volcan.

Le hameau de Charbonnières-les-Vieilles s'élève sur une hauteur qui domine le gour de Tazenat. Il n'offre rien d'intéressant à signaler au point de vue historique [1] ; mais en revanche le panorama est splendide.

Le château de Chazeron, dont on aperçoit les tours de la montée du calvaire de Châtel-Guyon, se trouve à peu de distance à vol d'oiseau et pour les piétons qui font le trajet par les sentiers à travers les vignes et les bois ; mais il faut plusieurs heures pour y arriver en voiture, à travers de nombreux détours dans les montagnes, par une route très pittoresque.

Avant d'arriver au château, se trouve Loubeyrat, petit

---

[1] Charbonnières-les-Vieilles avait ses seigneurs qui furent : la famille de Chalm, de 1263 à 1291 ; le chapitre de la cathédrale de Clermont, de 1291 à 1345 ; la famille de la Roche, en 1345.

village où le curé, feu M. Gaulloux, a fait construire une église de style avec ses ressources particulières et quelques dons. Il en a été l'architecte et l'entrepreneur.

Le château de Chazeron [1] est l'un des plus curieux du département du Puy-de-Dôme ; les touristes y sont bien accueillis par le concierge du propriétaire, M. le marquis de Sinety.

Voici comment M. Félix Ribeyre dans son ouvrage *Châtel-Guyon illustré* en donne la description.

« On entre dans le château de Chazeron par une porte de fer du XVII° siècle ; l'écusson qui la surmonte porte les initiales de Monestay-Chazeron. La cour d'entrée, très vaste, rappelle celle de Versailles, par deux bâtiments latéraux de l'époque de Louis XIV, qui se relient par des terrasses à balustres, à la partie la plus ancienne du monument. A droite, au rez-chaussée, sont aujourd'hui des écuries et des pièces dans lesquelles logent les fermiers du domaine. Plus loin, des pièces profondes avec des ouvertures à plein cintre : c'étaient les selleries.

» Au premier, de nombreuses pièces, qui autrefois ne manquaient pas d'élégance ; la vieille cuisine est restée ce qu'elle était ; plus à gauche, se trouve la chapelle, qui offre des parties intéressantes ; elle est petite, éclairée par une seule fenêtre. On remarque aussi la boiserie du fond au milieu de laquelle se trouve l'autel. Elle se compose au centre d'un beau cadre sculpté renfermant une peinture représentant *sainte Catherine* ; au-dessus du cadre, sont les armoiries de la maison de Chazeron.

---

1 Selon M. A. Tardieu, auteur du *Dictionnaire historique du département du Puy-de-Dôme*, la terre de Chazeron appartenait dans l'origine à Autier ou d'Autier de Villemontré. Elle resta dans cette famille de 1225 à 1376 ; elle passa aux comtes d'Auvergne en 1376 et fut ensuite possédée par la famille de Chazeron de 1376 à 1611 ; de 1611 à 1789 elle resta entre les mains de la famille de Monestay. Depuis 1789 elle a appartenu à la famille de Brancas, duc de Careste et au marquis de Sinety, comte du Saint Empire.

» Lorsqu'on sort de la chapelle, on trouve à gauche, un escalier qui conduit dans la salle à manger, entièrement garnie de boiseries à panneaux. De là on pénètre dans la cour du vieux manoir de Chazeron ; mais l'entrée principale est par la grande cour sur laquelle s'avancent deux perrons assez élégants ; au premier, se trouve une série d'appartements qui, tous, ont été en partie agencés et meublés à l'époque de Louis XIV. Ils renferment quelques portraits de différents propriétaires du manoir.

» La chambre d'honneur est ornée de tapisseries à verdures avec encadrements. Le lit à baldaquin est garni de tapisseries à la main, alternant avec des bandes de velours noir.

» Mais c'est surtout dans la chambre ronde, que l'on trouve les tapisseries les plus anciennes, à sujets admirablement conservés ; deux d'entre elles représentent les *jardins d'Armide* avec leurs palais fantastiques. Dans l'alcôve du fond, une superbe tapisserie représente une scène de *l'Astrée.*

» Dans une autre chambre à coucher, on voit plusieurs portraits de famille, entre autres celui de François de Monestay, comte de Chazeron, seigneur de Châtel-Guyon, et celui de son père, Gilbert de Chazeron, gentilhomme de la chambre, dont il est parlé dans les *Mémoires* de Saint-Simon ».

En revenant de ce château, nous fûmes assaillis par un orage épouvantable ; nous avions heureusement un conducteur prudent et un cheval docile, ce qui nous permit d'arriver sains et saufs à l'hôtel.

Notre dernière excursion fut celle de la Tourette où nous attirait un rétable auquel on attribuait une origine flamande et dont nous donnons plus loin la description.

Selon M. Tardieu, La Tourette possédait une commanderie de Malte qui avait remplacé une commanderie de templiers supprimée en 1309.

Saint Grégoire de Tours dans son ouvrage sur la Gloire des Martyrs [1] parle du prieuré d'Yssac ou d'Issat, dépendant de Saint-Amable de La Tourette.

Cette paroisse qui ne possédait pas d'église était desservie par la chapelle du prieuré.

Le prieuré et son église furent ruinés pendant les guerres de religion. Sur la fin du règne de Henri IV, au commencement du xvII[e] siècle, une nouvelle église fut élevée. Le prieuré de Saint-Amable fut également réparé. A la Révolution, il y avait encore un prieur et un sacristain pour percevoir les revenus des prés, terres et vignes affectés au prieuré. Depuis cette époque, la chapelle est abandonnée ; il n'en reste plus que quelques ruines éparses couvertes par les ronces et les buissons.

C'est l'église du xvII[e] siècle qui sert aujourd'hui d'église paroissiale. Elle est bâtie dans le style des églises de campagne de l'Auvergne ; elle mesure 17[m]60 de longueur sur 6[m]85 de large. En 1836, elle fut agrandie d'une travée ; les deux chapelles latérales ont été construites en 1840. Cette église, qui est très bien entretenue, suffit à la population du village qui compte 5 à 600 habitants.

L'église de La Tourette ne mériterait aucune mention spéciale, si elle n'était pas ornée de deux panneaux d'un rétable, provenant du prieuré d'Yssac. C'est après l'avoir étudié et avec l'aide de quelques renseignements donnés avec beaucoup d'obligeance par M. Clermont, curé de la paroisse, que nous allons décrire ce rétable.

Ses deux panneaux sont en albâtre ; ils sont appliqués sur des montants en bois. Les statues, les statuettes et tous les motifs d'ornementation sont sculptés en haut-relief et couverts d'une peinture dont l'ensemble est ancien.

Chacun des deux panneaux a 4[m]70 de largeur sur 90[c] de

---

1 Edition Migne, chap. 66, p. 765.

RÉTABLE DE LA TOURETTE

RÉTABLE DE LA TOURETTE

hauteur. Ils sont formés l'un et l'autre de sept compartiments, dont les sujets sont indiqués par des inscriptions
en une belle gothique qui semble révéler le xiiie et peut-être
le xive siècle.

Au milieu du panneau de droite se trouve le Christ sur
la croix avec les deux larrons crucifiés à ses côtés, et au
pied de la croix plusieurs personnages. A droite de ce com-
partiment central sont représentées l'arrestation de Jésus au
Jardin des Olives et la flagellation à gauche, la mise au
tombeau et la résurrection ; aux deux extrémités, saint
Pierre et saint Paul. Sur les montants, douze statuettes
d'apôtres et de prophètes, qui sont aussi en albâtre.

Le milieu du panneau de gauche représente le Christ en
en croix avec la Vierge et saint Jean à ses pieds. Dans
les deux compartiments qui sont à droite sont sculptées la
prédication de saint Jean-Baptiste et ses remontrances au
roi Hérode, et dans ceux qui sont à gauche, la danse de la
fille d'Hérodiade et la décollation du saint; les deux petits
compartiments des extrémités présentent les figures de saint
Saturnin, patron de la paroisse, et d'un autre saint dont nous
n'avons pu déchiffrer le nom.

Chacun des compartiments est surmonté d'un petit dais
en albâtre dont l'ornementation révèle le xiiie siècle ou le
commencement du xive. Au-dessus de ces dais règne une
plate-bande dans laquelle sont placés des rinceaux, avec
deux écussons offrant au 1 et 4 un champ d'azur et au 2
et 3 un champ d'or, sans aucune pièce.

Les sculptures sont remarquables par l'expression. La
longueur des têtes, la petitesse des jambes, les défauts
d'anatomie indiquent l'enfance de l'art ; mais on y trouve la
recherche de la vérité et du sentiment. On prétend dans le
pays que c'est l'œuvre de sculpteurs flamands ; nous serions
portés à le croire, d'après le caractère général. On peut
leur assigner comme date le xiiie siècle ou le commencement du xive.

Voici les renseignements que M. le curé de La Tourette a bien voulu nous communiquer à ce sujet.

Lorsque l'un de ses prédécesseurs, M. Chaumette, fit restaurer cés panneaux par M. Dufay, sculpteur à Clermont, cet artiste découvrit, sur le revers d'un de ces panneaux, des inscriptions qui indiquent que ce rétable a subi une réparation au xviie siècle. Sur une des pierres, on lit : « Ces pièces sont en albâtre venu d'Angleterre; elles ont » été travaillées en Flandre. » Sur une autre : « Cette » pièce et les autres, qui composent le rétable du grand » autel d'Yssac et qui y sont de temps immémorial, sont » restées déclassées, et remises en place dès le mois de » décembre 1684. » Sur une autre, il y a les lettres M C en gothique.

En 1868, un délégué du musée de Cluny, de Paris, en aurait offert six mille francs; mais comme ce monument fait le principal ornement de l'église de La Tourette, on refusa de le vendre.

BIBLIOGRAPHIE

CHAUMETTE (curé de La Tourette). — Souvenirs de voyage ou les vacances en Auvergne. Itinéraire du Puy-de-Dôme, renfermant l'histoire, la description des principaux monuments anciens et modernes, des villes, bourgs, hameaux, sites et châteaux, les curiosités naturelles et les évènements de la province, par l'abbé E. J. C. *** *Clermont-Ferrand, Thibaud* 1857, in-12.

GOMOT (H.) — Histoire de l'abbaye de Mozat, de l'ordre de Saint-Benoît. *Paris, Aubry* 1872, in-8°.

GONDELON (Louis). — L'église de Mozat. *Riom, Jouvet*, 20 pages in-8°.

JALLIFFIER (R.) — L'Auvergne, histoire, monuments. *Paris, Delagrave* 1876, in-12.

JAMES (Le docteur Constantin) et ANDHOUI (le docteur Victor). — Guide pratique aux eaux minérales, aux bains de mer et aux stations hivernales, etc. *Paris, Bloud et Barral (S. D.)* 680 pages in-12.

RAULIN. — Etudes sur les eaux minérales 1774, 1775, 1777. Extraits. Réimpression conforme aux éditions originales, exécutée par la maison Quantin. *Paris, Quantin (S. D.)* in-12.

RÉSIE (Comte de). — Histoire de l'église d'Auvergne, depuis saint Austremoine jusqu'en 1860. *Clermont-Ferrand* 1855, 4 vol. in-8°.

REVEL (Guillaume). — Armorial d'Auvergne, du Bourbonnais et Forest. Manuscrit dessiné vers 1450, à la demande de Charles 1er, duc du Bourbonnais et d'Auvergne. Manuscrit in-f° sur vélin.

RIBEYRE (Félix). — Auvergne. Châtel-Guyon illustré. Illustré de nombreuses gravures dessinées spécialement pour notre guide par Hubert Clerget, avec un plan de la station thermale et un extrait de la carte de l'Etat-Major. *Paris, Dentu* (1884) in-16.

TARDIEU (Ambroise). — L'Auvergne (Puy-de-Dôme). Guide complet illustré, orné de 200 gravures. *Herment, chez l'Auteur (S. D.)* 330 pages in-16.

TARDIEU (Ambroise). — Grand dictionnaire historique du département du Puy-de-Dôme. *Moulins, Desrosiers* 1875, grand in-8° avec planches.

TARDIEU (Ambroise). — Histoire généalogique de la maison de Bosredont en Auvergne. *Clermont-Ferrand, Thibaud* 1853, in-4° fig.

THIBAUD (Emile). — Guide en Auvergne. — Itinéraires historiques et descriptifs aux eaux minérales, illustrés de plus de 170 gravures. *Clermont-Ferrand (S. D.)* in-12.

TOURNOELLE. — Notice sommaire sur le château de Tournoelle. *Riom, Jouvet* 1889, 7 pages in-8°.

GUIDES *Joanne, Bædeker, Conty*, etc.